그러니까 수학이 필요해

À quoi a sert? Les maths by Robin Jamet·Finzo
ⓒ Éditions Belin - Paris, 2009
All Rights Reserved.
Korean translation ⓒNoran Sangsang Books, 2011
Korean translation rights arranged with Éditions Belin through Orange Agency.

본 저작물의 한국어 판본은 오렌지 에이전시를 통한 Éditions Belin과의 독점 계약한 노란상상에 있습니다.
한국 내에서 저작권법에 따라 보호를 받는 책이므로 무단 전재 및 무단 복제를 금합니다.

노란상상 교양 ❶ 창의적인 자기주도학습 설명서

그러니까 수학이 필요해

로뱅 자메 글 | 핀조·송진욱 그림 | 박나리 옮김
초판 1쇄 2011년 9월 15일 | **초판 8쇄** 2023년 3월 16일
펴낸이 양정수 | **편집** 최현경, 윤수지 | **디자인** 추진우 | **마케팅** 양준혁
편집 진행 조성은 | **디자인 진행** 지윤
펴낸곳 노란상상 | **등록** 2010년 1월 8일 (제2010-000027호)
주소 서울시 영등포구 양평로 157, 1311호
전화 02-797-5713(영업부), 02-2654-5713(편집부) | **팩스** 02-797-5714
전자우편 yyjune3@hanmail.net
ISBN 978-89-964330-9-5 73410
ISBN 978-89-97367-97-9 (세트)

• 이 책의 국립중앙도서관 출판시도서목록(cip)은 e_CIP 홈페이지(http://www.nl.go.kr/ecip)에서 이용하실 수 있습니다.(CIP제어번호:CIP 2011003840)

공급자 적합성 확인
제품명 : 노란상상 교양 | **제조자명** : 노란상상
제조국명 : 대한민국 | **전화번호** : 02-797-5713
주소 : 서울시 영등포구 양평로 157, 1311호
제조년월 : 2023년 3월 16일 | **사용 연령** : 8세 이상

※ KC 마크는 이 제품이 공통 안전 기준에 적합하였음을 의미합니다.
※ 책의 모서리가 날카로워 다칠 수 있으니 던지거나 떨어뜨려 다치지 않도록 주의하세요.

그러니까 수학이 필요해

로뱅 자메 글 | 핀조 · 송진욱 그림 | 박나리 옮김

| 차례 |

1 수학이 쓸모가 없다고?
맞아요. 수학이 없어도 잘 살 수 있지요. | 7

2 수학은 어디에나 있다
눈을 조금만 크게 뜨면 음악, 과학, 미술 곳곳에서 수학을 찾을 수 있답니다. | 15

3 수학자가 들려주는 수학 이야기
수학을 너무나 좋아하는 사람들, 수학자가 있습니다.
수학자는 뭘 하는 사람들일까요? | 43

4 수학 선생님이 들려주는 수학 이야기

수학을 너무나 좋아하는 수학 선생님도 있습니다.
수학 선생님은 수학을 싫어하는 학생들에게 어떤 말을 할까요? | 69

5 수학자도 못 푼 수학 문제

아무도 풀지 못한 수수께끼 같은
수학 문제가 있습니다. | 85

6 수학은 정말 쓸모가 없을까?

변호사와 검사가 수학의 쓸모에 대해
법정에서 대결을 펼칩니다. | 107

부록
수학에 대해 더 알고 싶어요

수학과 관련된 직업과
인터넷 사이트를 알려 줄게요. | 117

1 수학이 쓸모가 없다고?

맞아요.
수학이 없어도 잘 살 수 있지요.

계산은 계산기가 다 해 준다고요?
수학을 하려면 알아야 할 공식이 너무 많다고요?
그래서 수학은 아무 쓸모가 없다고요?
정말 그럴까요? 수학은 대체 무엇일까요?

두 사람이 열기구를 타고 여행을 떠났습니다. 폭풍우를 만나 완전히 길을 잃어버린 두 사람은 땅으로 내려가 지나가는 사람에게 길을 물었습니다.

"저희는 지금 어디에 있나요?"

질문을 받은 사람은 잠깐 생각하더니 이렇게 대답했습니다.

"열기구 안에 있습니다."

열기구에 탄 한 사람이 다른 사람에게 말했습니다.

"저 사람, 수학자야."

"그걸 어떻게 알아?"

"모든 게 딱 들어맞잖아. 질문에 대답하기 전에 먼저 생각을 했지, 대답한 내용도 맞는 말이야. 결정적으로 저 사람 대답이 정말 쓸모가 없잖아!"

수학자에 관한 이 우스운 이야기는 수학자에 대한 우리의 생각을 잘 보여 줍니다. 수학이 언제나 쓸모 있는 건 아닙니다. 예를 들어, 원의 둘레를 구할 때 원의 지름에 무엇을 곱해야 하냐고 수학자에게 묻는다면, 수학자는 파이(π)를 곱하라고 대답할 거예요. 정확하고 쓸모 있는 대답입니다. 그러나 파이는 소수점 뒤에 숫자가 무한하게 이어지는 무한수이므로 계산을 하기에는 편리하지 않습니다. 3.14159265……. 그래서 원의 둘레를 구할 때는 파이 대신에 파이에 가까운 숫자인 3.14를 곱합니다.

그렇다면 수학은 정말로 쓸모가 없을까요? 모두가 그렇게 생각하지는 않습니다. 이런 대화를 들어 본 적이 있을 거예요.

"수학은 아무 데도 쓸모가 없어."

"무슨 소리야? 수학이 있으니까 우리가 셀 수도 있고 계산도 할 수 있잖아. 방을 도배할 때 벽지를 얼마나 사야 하는지 계산할 수 있고, 빵을 사고 거스름돈을 얼마나 돌려받아야 하는지도 알 수 있잖아."

"그런데 그게 전부잖아. 초등학교 수학만 배우면 충분하다고! 그리고 계산을 할 줄 알아도 별 쓸모가 없어. 이젠 계산기가 다 해 주잖아. 안 그래? 거스

초등학교 수학만 배우면 충분하다고! 계산기가 다 해 주잖아.

자, 1천 원짜리 바게트 세 개니까 3천 원이에요.

잠깐만요, 확인 좀 할게요.

1. 수학이 쓸모가 없다고?

름돈이 맞는지 확인하려고 빵집에서 종이랑 연필을 꺼내서 계산하는 사람은 본 적이 없다고. 더구나 계산기는 실수도 안 한다고!"

"난 수학이 정말 재미있어. 게임 같지 않아? 문제를 풀면 엄청 기분이 좋잖아."

"무슨 소리야, 문제를 풀려면 공식을 얼마나 많이 외워야 하는데……."

"공식을 외울 필요는 없어. 그냥 이해하고 받아들이면 되지."

"아무튼 수학을 잘하려면 알아야 할 게 너무 많아. 사실, 수학을 몰라도 아무 문제가 없는데 말이야."

"나도 같은 생각이야. 나는 역사가 좋은데, 수학 공부를 할 필요는 없잖아. 나중에 도움도 안 되고."

"도움이 안 되긴 왜 안 돼, 생각하는 습관을 길러 주잖아."

> 수학을 잘하려면 알아야 할 게 너무 많아. 수학을 몰라도 아무 문제가 없는데 말이야.

"지금 내가 생각할 줄 모른다는 거야!"

얘기를 할수록 싸우기만 할 것 같으니 대화는 이 정도로 마쳐야겠네요. 한 가지는 확실합니다. 초등학생이 수학이 대체 무엇인지 정확하게 알기 어렵다는 것입니다. 초등학교, 중학교, 고등학교에서 수학의 기초를 배우고 난 다음에야 수학이 어떤 쓸모가 있고, 수학이 대체 무엇인지 알 수 있을 거예요.

덤으로 놀라운 사실 하나. 수학자들 대부분 셈을 싫어합니다. 믿을 수 없다고요? 어느 수학자는 이런 우스운 이야기를 했습니다.

"두 종류의 수학자가 있습니다. 셀 줄 아는 수학자와 셀 줄 모르는 수학자가 있습니다."

딱 보기에도, 이 이야기를 한 수학자는 셀 줄 모르는 수학자이지요!

2 수학은 어디에나 있다

눈을 조금만 크게 뜨면 음악, 과학, 미술
곳곳에서 수학을 찾을 수 있답니다.

수학이 추상적이라고요?
수학이 없었다면 우리가 사는 이 세상은 완전히 달라졌을걸요.
수학이 아무 쓸모가 없다고요?
나도 모르는 사이에 수학을 하고 있는데, 정말 그럴까요?

"멈춰! 네가 도망갈 수 있는 확률은 백분의 일도 안 돼!"
'어떡하지? 저놈이 누군가를 죽이기 전에 막다른 길로 몰아야 해. 그렇지만 너무 멀어……. 만약 내가 앞질러 나간다면, 십중팔구 날 쏘겠지. 하지만 여기 가만히 있으면 저놈이 어떻게 한지 몰라! 만에 하나 도망칠 가능성이 있더라도 곧 잡히고 말 거란 사실을, 그러니 순순히 체포되는 게 낫다는 걸 보여 줘야 해.'

솔직히 말해 보세요. 이 문장에서처럼 수학에서 나온 표현을 쓴 적이 있지 않나요? 만에 하나, 십중팔구 같은 표현이요. 참 많을 거예요. 수천 년 전부터 수학은 이 세계에 관심을 가졌고, 세계도 수학에 관심을 가졌으니까요. 그러니 우리가 원하든 아니든, 수학은 우리의 생각과 말에 완전히 스며들게 되었답니다. 물론 수학적 표현을 사용하는 방법은 사람에 따라 차이가 있지요.

수학을 공부하는 사람들은 수학 말고 다른 이야기를 할 때도 남들이 알아듣기 어려운 수학적 표현을 사용하기도 합니다. 어떤 게임에 몰두한 사람이 남들은 전혀 모르는 게임 용어를 쓰며 이야기하는 것과 마찬가지입니다. '원점으로 돌아가다'라는 말은 프랑스의 유명한 보드게임인 '거위게임'에서 나온 표현인데, 오늘날에는 모든 사람이 이 표현을 알고 있습니다. 거위게임을 모르더라도 말입니다. 그렇지만 '$9\frac{3}{4}$ 승강장'이나 '죽음을 먹는 자'라는 표현은 〈해리 포터〉를 책으로 읽었거나 영화로 본 사람만 알아들을 수 있어요!

다음과 같은 일의 공통점을 찾아보세요. 이솝 이야기 같은 고전을 읽는 일, 연극을 보는 일, 고전 음악과 최신 유행 음악을 듣는 일, 그리고 수학을 하는 것. 공통점이 뭘

> 연극을 보는 일, 음악을 듣는 일, 그리고 수학을 하는 것.
> 모두 세계를 이해하고
> 사람을 이해하기 위한 일입니다.

까요? 모두 세계를 이해하고 사람을 이해하기 위한 일이며 더 많은 표현을 익힐 수 있는 일입니다.

그래서 아주 오래전부터 아이들에게 반드시 가르쳤던 과목 가운데 하나가 수학입니다. 수학은 사람과 세상을 이해하는 방법 가운데 하나였습니다.

모두가 받아들인 수학의 아이디어

물론 수학과 관련된 말과 아이디어를 모든 사람들이 일상 대화에서 사용하는 것은 아닙니다. 수학의 아이디어가 모든 사람에게 퍼져나가는 데는 시간이 걸립니다. 그건 다른 학문의 아이디어도 마찬가지예요. 원숭이와 인간의 조상이 같고, 지구가 태양을 중심으로 돌고 있다는 사실은 처음에는 쉽게 받아들여지지 않았습니다. 그럼에도 새로운 생각은 퍼져 나가기 마련이고, 어떤 아이디어는 굉장히 강력하게 퍼져 나갔습니다.

음수를 사용하는 것을 수학자들이 받아들이기까지 수천 년이 걸렸다는 사실을 아시나요? 오늘날에는 어제 온도가 -2도였고, 엘리베이터를 타고 지하로 내려갈 때 -1이라고 표시된 버튼을 누르는 일이 너무나 자연스럽습니다.

또 다른 예를 들어 보겠습니다. 우리는 주사위를 던져 6이 나올 확률은 $\frac{1}{6}$이라는 사실을 잘 알고 있습니다. 그런데 확실한가요? 사람들은 12세기의 수학자인 파스칼 이후에야 우연과 확률에 대해 이야기할 수 있게 되었습니다. 파스칼 이전까지는 우연이란 정말로 우연한 일이었으니까요!

> 이렇게 생각할 수도 있습니다. 로또 복권을 사는 일은 확률을 모르는 사람들이 세금을 내는 거구나.

수학의 분야 가운데 하나인 확률은 기하학에 비하면 굉장히 최근에 생긴 학문입니다. 기하학은 밭의 넓이를 재기 위해 이미 고대에 생겨났지요. 어쨌든 확률은 최근에 생긴 분야이지만 모두가 '확률'이라는

단어를 알고 있고 기본적인 개념도 알고 있습니다. 누군가가 여러분에게 로또 복권 1등에 당첨될 확률이 8,145,060분의 1이라고 한다면, 여러분은 이렇게 생각할 수도 있습니다. 로또 복권을 사는 일은 확률을 모르는 사람들이 세금을 내는 거구나.

수학은 우리 생활 곳곳에 들어와 있습니다.

이런 경우가 있습니다. 요리책에는 여섯 명이 먹을 케이크 만들기가 나와 있는데 여덟 명이 먹을 케이크를 만들어야 한다면 어떻게 해야 할까요? 곱셈을 이용하면 쉽게 해결할 수 있습니다. 이런 곱셈 공식이 있습니다. a×d=b×c 혹은 $\frac{a}{b}=\frac{c}{d}$ 이고, 결과적으로 a=b×c÷d라는 공식입니다.

여섯 명이 먹을 케이크에는 초콜릿 300g이 들어간다고 합니다. 그럼 곱셈 공식을 사용하여 여덟 명이 먹을 초콜릿의 양을 구해 볼까요. 여덟 명이 먹을 케이크에 들어갈 초콜릿 양을 a라고 하면, 이렇게 나타낼 수 있습니다.

> **알고 있나요?**
>
> 여러분이 로또 복권을 살 때 지난번에 당첨된 번호 그대로 사든, 다른 번호를 사든 상관없이 당첨될 확률은 똑같습니다. 왜냐하면 당첨 번호를 결정하는 여러 색깔의 공은 번호를 기억하지 못하니까요! 그 가운데서 1, 2, 3, 4, 5, 6이 당첨 번호에 포함될 확률 역시 모두 같습니다. 굉장히 작은 확률이지요.

$\frac{a}{8} = \frac{300}{6}$ 그리고 이렇게 계산할 수 있습니다. a=8×300÷6 결과는 a=400입니다. 여덟 명이 먹는 케이크를 만들려면 초콜릿 400g이 필요하다는 말입니다.

어림짐작해서 양을 맞출 수도 있겠지만, 곱셈 공식을 알면 시간을 벌고 실수를 안 하게 됩니다. 이렇게 케이크를 만들 때뿐 아니라 다른 경우에도 곱셈 공식을 이용할 수 있습니다.

그러니 여러분이 어떤 일을 할 때, 수학적으로 한 번 더 생각해 보면 해결 방법이 보일지도 몰라요. 때로는 새로운 문제의 해답을 여러분 스스로 찾을 수도 있을 거예요. 여러분이 지금까지 배우고 이해한 다른 공식이 또 다른 일을 할 때 도움이 될지도 모르고요.

바보 같은 문제에 똑똑한 대답

보통은 답을 찾으면 문제가 해결됩니다. 그렇지만 어떤 때는 찾은 답이 너무 복잡해서 더 쉬운 답을 찾고 싶어집니다. 또 어떤 때는 찾은 답 하나 덕분에 온갖 문제가 한꺼번에 해결되기도 합니다.

답을 찾으려면 어떻게 해야 할까요? 생각하고 또 생각해야지요. 그 문제에 흥미를 가져야 하고 아주 많은 시간을 그 문제와 함께 보내야 합니다. 물론 그렇게 답을 찾는 사람이 수학자라면 그가 찾은 답은 수학이 되겠죠.

요새 그래프를 모르는 사람은 없을 거예요. 이 그래프는 바보 같은 문제를 풀다가 찾아낸 수학 이론이랍니다. 오늘날에는 생활 곳곳에 그래프가 쓰이고 있어요.

13세기 독일에서 벌어진 일입니다. 쾨니히스베르크의 주민들은 굉장히 심심했는지 이런 문제를 냈답니다.

도시 안에서 산책을 할 때, 출발점과 도착점이 어디든 상관없이 같은 다리를 한 번만 건너면서 도시에 있는 7개의 다리를 모두 건널 수 있을까?

문제의 해답을 찾지 못한 주민들은 유명한 수학자를 찾아갔습니다. 바로 레온하르트 오일러였습니다. 오일러는 마을 지도를 단순하게 그리는 것부터 시작했습니다. 필요하지 않은 것을 없애는 작업

> 그래프는 바보 같은 문제를 풀다가 찾아낸 수학 이론입니다.
> 오늘날에는 생활 곳곳에 그래프가 쓰이고 있어요.

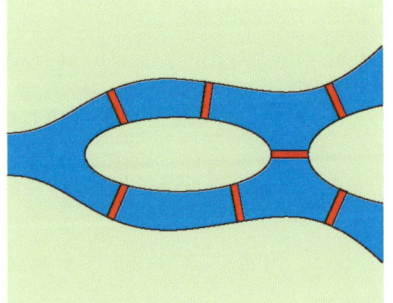

이었죠. 이 문제를 풀기 위해서 교회나 시청이 어디에 있는지 알 필요는 없으니까요. 그래서 마을 지도에서 다리와 강만 남기고 다른 표시를 모두 없앴습니다.

문제를 풀기 위해서는 강이 큰지 작은지, 섬이 떨어져 있는지 붙어 있는지는 중요하지 않았습니다. 다리가 어떻게 땅과 이어져 있는지만 알면 되었죠. 오일러는 다리로 이어진 '땅 조각' 4개가 있다는 사실을 보여 주기 위해 땅 조각을 점으로 나타내고 땅 조각을 잇는 다리를 선으로 표시했습니다.

길이 곧은지 구불구불한지, 거리가 얼마나 떨어져 있는지도 중요하지 않았습니다. 그래서 다음과 같이, 최초의 그래

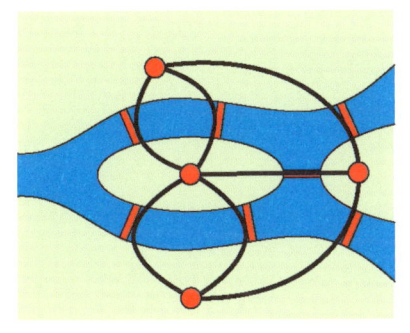 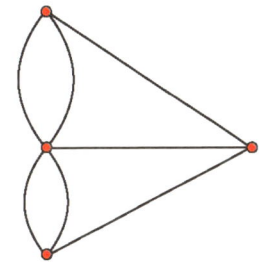

프가 만들어졌습니다.

 문제가 단순해지면, 생각도 훨씬 단순해집니다. 주민들이 낸 산책 문제는 정말 단순한 문제가 되었습니다. 지도에 있는 선을 한붓그리기로 지날 수 있을까? 그러나 문제 하나를 풀면 다른 문제가 생기기 마련이죠.

 오일러는 다음과 같이 논증했습니다. 예를 들어 여러분이 오른쪽 점에서 출발한다고 합시다. 각 점은 선 3개를 통해 다른 점 4개로 연결됩니다. 선 4개 중 어떤 선을 먼저 그리든 상관없습니다. 위에 있는 점으로 가 봅시다. 그럼 점이 2개만 남아 있게 되죠. 두

> 문제가 단순해지면, 생각도 훨씬 단순해집니다.

2. 수학은 어디에나 있다

번째 선을 그리면서 점에서 다시 출발합니다. 세 번째 선을 그리려면 어쩔 수 없이 아까 출발한 점으로 되돌아갈 수밖에 없습니다. 그리고 더 이상 움직일 수가 없는데, 더 이상 지나갈 길이 없기 때문입니다. 그러니 제일 위의 점은 반드시 산책이 끝나는 지점이 될 수밖에 없습니다. 그러나 맨 아래의 점으로 가더라도 똑같은 결과가 나옵니다. 그러니 오른쪽 점에서 출발하여 한붓그리기를 하는 것은 불가능합니다. 한 점에서 동시에 두 군데로 가서 한붓그리기를 끝내는 것은 불가능하니까요.

생각해 보세요. 다른 곳에서 출발한다고 해도, 한붓그리기를 할 수는 없습니다. 만약 어떤 점이 1, 3, 5, 7개 등의 홀수 개수의 선으로 연결되어 있다면, 한붓그리기는 이 점

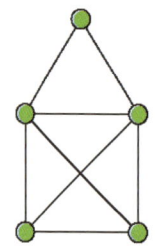

에서 시작되거나 끝날 수밖에 없습니다. 쾨니히스베르크 다리 문제처럼 홀수 개수의 선으로 연결된 점이 두 개 이상 있다면, 막다른 골목에 부딪치게 됩니다. 결국 쾨니히스베르크

다리 문제는 해결할 수 없는 문제인 셈입니다.

생각을 계속 이어 나가 다른 그래프 문제를 풀어 볼 수도 있습니다. 예를 들어, 이런 집 그림이 있다면 출발점을 잘 고르면 연필을 떼지 않고 한 번에 그릴 수 있습니다.

결국 오일러는 단순하지만 그다지 흥미롭지 않은 문제를 해결하는 과정에서 '그래프'라는 새로운 수학적 대상을 만들어 낸 것입니다. 그래프란 선으로 연결된 점의 모임이라고 할 수 있습니다.

예술에 도움을 준 수학

이번에는 여러분이 마을 전체에 전기를 공급한다고 생각해 보세요. 전기선을 짧게 사용하여 돈을 절약하되 모든 사람이 전기를 사용할 수 있으면 좋겠습니다. 어느 지점에서 다른 지점으로 연결할 때 선 하나만 사용한다면 사람들에게 필요한 최소한의 전기를 공급할 수 있다고 합니다.

이 문제를 가장 잘 나타내려면 어떻게 해야 할까요? 당연히 그래프로 나타내야죠! 서로 다른 두 점을 잇는 전기선의 길이에 따라 각 모서리에 '가격'을 적어 주기만 하면 된답니다. 물론 이런 그래프가 문제를 전부 표현하는 것은 아닙니다. 하지만 그래프를 그리면 문제를 쉽게 해결할 수 있습니다. 그래프에는 문제를 풀기 위해서 필요한 모든 정보가 담겨 있습니다. 그리고 250년 전에 발견한 '그래프 이론'을 이용하면 전기를 공급하는 데 필요한 정보를 더 얻어 낼 수 있습니다.

그래프 이론에는 계산 방법이나 기하학적 도형이 포함되지 않지만 그래프 이론은 엄연히 수학의 한 부분이랍니다. 그래프를 만들 때 가장 먼저 하는 일은 문제를 이미지나 아이디어로 단순하게 바꾸는 것입니다. 실제 사물보다는 단순한 기하학적 도형이 문제 풀기에 훨씬 더 좋은 것처럼 말이죠. 단순한 이미지로 바꾸면 문제를 해결할 수 있는 계산식이 쉽게 드러날지도 모릅니다. 이렇게 수학은 우리 생활의 모든 상황을 단순하게 만들어 주기도 합니다.

보세요, 수학자란 사람들은 살짝 게으른 사람들이 대부분이에요. 수학자들은 한 번에 몰아서 계속 생각하고 고민하다가 그다음에는 전혀 고민하지 않는 것을 더 좋아해요.

수학을 배우면 여러 문제를 서로 연결 지어 해결하는 방법을 알게 됩니다. 문제들을 각각 해결하는 것보다는 연결해서 해결하는 것이 훨씬 재미있고 빠릅니다. 개인적인 문제뿐 아니라 여러 전문 분야에 관련된 문제를 해결할 때도 수학은 쓸모가 있습니다. 거의 모든 분야에서 그렇습니다.

음악·음향학 실험 연구소(IRCAM)가 있습니다. 이 연구소는 어떻게 음악이 만들어지는지를 이해하고 음악을 더 잘 만들기 위해 일하는 곳입니다. 작곡가를 비롯한 음악가, 수학자와 물리학자가 함께 일한답니다.

예술 활동을 하면서 수학적 아이디어가 생기는 경우도 있습니다. 예술가가 수학에 푹 빠져서 영감을 얻기도 합니다. 판화가 에셔나 화가 바자렐리, 건축가 르코르뷔지에, 문학

공동체 울리포, 작곡가 크세나키스 등은 수학의 아이디어를 이용해서 예술 작품을 만든 예술가들입니다. 수학자이자 울리포 회원인 작가 클로드 베르쥬는 〈누가 덴즈모어 공작을 죽였나?〉라는 추리소설을 썼습니다. 이 작품에서는 그래프 이론 덕분에 범인이 밝혀집니다!

과학과 기술에 도움을 주는 수학

물리학자, 천문학자, 생물학자, 지질학자 같은 과학자들은 수학에 관심이 많습니다. 과학자들은 자신들의 연구에 도움이 될 만한 대상이나 단어, 도구를 수학에서 찾습니다. 또 과학자들은 수학의 결과를 이용하여 연구를 하거나, 수학자들에게 직접 질문을 던지기도 합니다. 그럼, 수학에 관심을 갖는 과학자들의 목적은 무엇일까요? 바로 연구의 '모델'을 만드는 것입니다. 모델 만들기는 과학 연구의 가장 중요한 활동 가운데 하나입니다.

과학자들은 우리가 살고 있는 세계에서 어떤 일이 일어나는지를 이해하기 위해서 여러 가지 연구를 합니다. 예를 들어, 우리가 손에 쥐고 있던 어떤 물체를 놓으면 물체는 바닥으로 떨어집니다. 하지만 1층에 있는 항아리가 이 물체에 맞아 깨질지 어떨지 알아보려면 정보가 더 있어야 합니다. 내가 이 물체를 그냥 떨어뜨려야 하는지, 던져야 하는지?

던진다면 어떤 속도로 던져야 하며 물체의 무게는 어느 정도여야 하는지? 이런 것들을 알아야 해요. 그리고 무엇보다도, 정확한 수치를 알기 위해서는 방정식을 세워야 합니다.

좀 더 진지한 예를 하나 들어 볼까요. 일기예보가 여기에 딱 들어맞는 예입니다. 일기예보를 하려면 먼저 여러 장소의 기온과 기압, 습도를 잽니다. 그리고 방정식을 사용하여 다음 날 어디에 구름이 많을지 바람이 불지 비가 올지 알아봅니다. 몇 가지 모델을 만드는 거지요. 이런 과정을 거치면서 실제 일어나는 일을 많이 단순화하기 때문에 예보

알고 있나요?

오늘날 우리가 자연스럽게 사용하는 기호는 예전에는 없었답니다. 기호는 대부분 15세기와 18세기 사이에 등장했습니다. 사칙연산 기호도 마찬가지입니다. +(더하기)와 -(빼기) 기호는 1490년경에 독일에서, ×(곱하기) 기호는 1631년 영국에서, ÷(나누기) 기호는 1698년 독일에서 등장했습니다. =(같다) 기호는 1557년 영국에서 등장했답니다.

 가 틀리는 경우도 있습니다. 그렇지만 무언가에 대해 판단할 수 있는 유일한 방법은 이렇게 모델을 만드는 것이랍니다!

 건물을 짓는 기술자와 건축가도 비슷한 작업을 합니다. 예를 들어, 다리가 얼마나 튼튼한지 알아보려면 실물 크기로 반드시 테스트를 해 봐야 한답니다. 그래서 필요한 수치를 모두 재서 컴퓨터에 입력하고, 모델을 만들어 폭풍이나

지진이 있을 경우를 가상으로 실험하여 컴퓨터에서 테스트합니다.

지금까지 이야기한 예에서는 방정식을 사용하여 모델을 만들었습니다. 그렇지만 모델을 만들기 위해서 항상 방정식을 사용하는 것은 아닙니다. 자연에 있는 사물보다 단순한 기하학적 도형을 이용하여 모델을 만들기도 합니다. 우리가 앞서 다뤘던 그래프가 대표적인 예입니다.

수학은 거의 모든 분야에서 사용된답니다!

수학이 직접적으로 사용되거나, 수학을 이용한 모델 만들기처럼 수학이 다른 분야에 적용되는 예는 정말 많습니다. 모든 예를 다 들기는 불가능하니, 여기서는 몇 가지만 이야기할게요.

수학 없이는 통계학도 없습니다. 통계학은 여러 수치를 관찰하고 수치가 어떤 의미를 갖는지를 알려 줍니다. 무엇보다도 통계학은 질병이 어떻게 전파되는지, 유전병인지 바이러스나 박테리아로 감염되는 병인지를 알려 줍니다. 이러한 통계 수치는 질병에 맞서 싸우는 생물학자와 의사들에게 굉장히 귀중한 정보입니다. 생물학이나 의학에서는 통계학을 이용하여 새로운 약이 얼마나 효과가 있는지 테스트하기도 한답니다. 새로운 약이 전에 나온 약보다 정말로 효과가 있는지, 부작용은 없는지 등을 알아보는 거예요.

휴대전화 통신망을 잇는 안테나를 어떻게 설치해야 할까요? 적게 실치하되 넓은 지역에 영향을 미쳐야 합니다. 다른 문제와 마찬가지로 이 문제 역시 그래프 이론을 사용하여 연구하고 있습니다.

> 수학이 없었다면, 휴대전화 통신망을 잇는 안테나를 어디에 설치해야 하는지 몰랐을 거예요.

도로가 어느 정도 굽어져 있어야 운전할 때 위험하지 않으며 각각의 도로에서 자동차는 어느 정도의 속도로 달려야 안전할까요? 모두 물리학과 관련된 문제이지만 답을 찾으려면 수학에 나오는 곡선을 이해해야 하고 방정식을 이용해야 합니다.

주식 사기를 찾아내기 위해 수학을 이용하기도 합니다. 수학을 이용하면 주식 시장에서 발생하는 우연한 사건이 정상적인 일인지, 비정상적인 일인지를 알 수 있답니다. 누군가가 기밀 정보를 가지고 있다거나 주가에 '속임수'를 쓰려고 했다면 비정상적인 수치가 나타날 거예요.

수학이 꼭 필요한 분야 가운데 하나는 바로 정보처리 분야예요. 정보처리 분야 자체는 독립적이지만, 컴퓨터로 정보처리와 관련한 일을 하는 사람들은 모두 수학을 활용합니다. 컴퓨터를 만드는 일이 기술적으로 불가능했던 시절에 컴퓨터를 생각해 낸 사람도 수학자였죠. 오늘날에도 수학 덕분에 컴퓨터와 그 주변기기들이 계속 발전하고 있습니다. 정보처리에 수학이 이용되는 경우를 몇 가지만 이야기할게요.

오늘날 사용하는 CD보다 훨씬 큰 검은색 레코드판을 본 적 있나요? 여러분의 할머니와 할아버지는 이 레코드판으로 음악을 즐겨 들으셨답니다. 레코드판은 종종 긁히고 흠집이 나곤 했어요. 흠집이 난 레코드판으로는 더 이상 음악을 들을 수 없기 때문에 바로 버려야 했죠. CD가 나온 이후로 상황은 바뀌었답니다. 심하게 망가지지 않는 한 CD는 계속 들을 수 있으니까요. 이는 모두 '오류 정정 부호' 덕분이랍니다. 어느 수학자가 생각해 낸 이 아이디어 덕분에 CD에 생긴 오류를 기계가 자동으로 잡아내고, 고칠 수 있게 되었답니다. 결과적으로, 우리 귀에는 손톱만큼의 '잡음'도 들리지 않아요.

음악이나 영화를 인터넷에서 다운로드 받을 때, 재생 시간이 길고 파일 수가 적을수록 파일은 무거워집니다. 영화 한 편이 파일 하나에 들어 있다면 그 파일은 굉장히 무겁겠지요. 왜 그럴까요? 수학자들과 컴퓨터공학자들이 힘을 합쳐 파일을 '압축'하는 방법을 찾아냈기 때문입니다. 파일 압축이란 내용물의 질을 최대로 보장하면서 차지하는 자리를 최소로 줄이는 것을 뜻합니다.

또 인터넷에 관한 예입니다. 여러분이 검색엔진에 어떤 단어를 넣고 검색을 합니다. 1초도 안 되어 그 단어에 관한 수백 개, 수천 개의 페이지가 화면에 나타납니다. 수백만 개의 사이트 중에 관련된 단어가 들어간 사이트, 찾는 주제에 관한 사이트를 정보처리 프로그램이 스스로 찾아낼 수 있다는 이야기입니다. 꽤 괜찮지 않나요?

수학은
'제대로' 생각하는 법을
알려 주는 학문입니다.

가게에서 계산을 하거나 은행에서 비밀번호를 눌러 돈을 찾을 때 신용카드를 사용합니다. 이메일로 중요한 정보를 주고받기도 하고요. 카드 비밀번호를 사용하여 인터넷 쇼핑을 하기도 합니다. 남들이 보면 안 되

는 정보들뿐이죠! 카드 비밀번호가 담긴 이메일을 상대방이 정확하게 받고, 다른 사람들이 그 이메일을 읽을 수 없게 하려면 어떻게 해야 할까요? 요즘 사용되는 가장 효과적인 방법은 RSA 방식이라고 불리는 공개키 암호 방식으로, 소수의 특성을 이용한 암호 방식입니다. 이 방식을 만들어 낸 연구자 세 명의 이름 머리글자를 따서 RSA라고 이름 붙였습니다.

수학은 제대로 생각하는 법을 알려 주는 학문입니다. 물론 계산을 하거나 생활의 여러 분야에 도움도 주지만요. 수학의 기본이라 할 수 있는 논리를 배움으로써 모순을 잡아내고, 질문에 제대로 된 대답을 했는지 알 수 있습니다. 예를 들면, 수학을 알면 원인과 결과를 헷갈리지 않는 법을 배울 수 있습니다. 병원에 자주 가는 사람이 가지 않는 사람보다 더 아픈 것은 확실합니다. 그렇지만 병원에 자주 가기 때문에 아픈 건 아니에요! 물론 논리를 배울 수 있는 학문은 수학 말고도 여럿 있습니다. 하지만 수학은 작은 실수도 바로 드러내기 때문에 수학을 익히면 생각하는 데 도움이 됩니다.

정리해 보겠습니다. 수학은 어디에나 사용되고 있습니다. 왜냐하면 수학자가 어떤 문제에 관심을 가지면, 그 문제는 곧바로 수학의 문제가 되기 때문입니다. 그러나 오류를 조심해야 합니다. 수학이 어디에나 사용된다고 해서 모든 게 수학적이라는 뜻은 아닙니다. 참 다행스러운 일이지요!

수학을 너무나 좋아하는 사람들,
수학자가 있습니다.
수학자는 뭘 하는 사람들일까요?

어떻게 수학자가 되고, 왜 수학자가 되는 걸까요?
수학자라는 사람들은 대체 어떤 일을 할까요?
수학자들은 왜 어려운 문제를 해결하려고 할까요?
이러한 질문에 수학자들이 직접 대답합니다.

어떻게 수학자가 되나요?

 수학 교수이자 유명한 수학자인 제랄드 트낭봄은 이렇게 얘기했습니다. "수학자란 수학을 절대로, 손톱만큼도 이해하지 못하는 사람들입니다." 그럼 트낭봄은 왜 수학 공부를 하려고 마음먹었을까요?

 "고등학교에 다닐 때 건강이 많이 안 좋았습니다. 병실에 틀어박혀 내 리듬대로 혼자서 공부를 해야 했죠. 그러다가 수학의 재미를 알게 되었습니다." 수학의 매력 가운데 트낭봄이 최고로 꼽는 것은, 이해하기만 하면 하나도 외울 필요가 없다는 것입니다. 그리고 숫자가 그의 마음을 사로잡았습니다. "모든 사람들이 숫자를 사용하기 때문에 우리는

숫자를 굉장히 잘 안다고 생각합니다. 그렇지만 숫자에는 해결하기 너무나 복잡한 문제들이 숨겨져 있습니다." 한 예로, 더 이상 나눌 수 없는 숫자를 소수라고 하는데 2, 3, 5, 7, 11, 13 등 불규칙하게 이어지는 소수의 나열은 너무나 아름답고 신비롭지 않나요. 그래서 트낭봄은 수학을 하기로 결심했습니다. 물론 그는 자신의 첫사랑인 문학도 게을리하지 않았습니다. 트낭봄은 수학과는 아무런 상관이 없어 보이는 소설과 희곡을 여러 편 썼습니다.

장폴 알루슈 역시 나중에야 자신의 길을 발견했습니다. 알루슈는 처음에 문학과 관련된 일을 하고 싶었습니다. 독일어 선생님이 되고 싶었어요. 그런데 고등학교에서 인문계보다는 이공계 쪽에 선생님 자리가 더 많다는 얘기를 들었습니다. 그래서 별다른 고민 없이 이공계를 택했습니다.

이후 알루슈는 선생님이 아니라 연구자의 길을 걷게 되었는데, 그의 말에 따르면 거의 우연한 기회로 연구자가 되었답니다. 그러나 수학은 그의 의지로 택한 것이었습니다. "저는 수학에 푹 빠졌습니다. 수학을 하면 모든 것을 이해하고, 진실에 다가갈 수 있을 거라고 생각했거든요. 왜냐하면 수학에서 얘기하는 것들은 모두 확실하고, 쉽게 설명할 수 있는 것들이니까요." 하지만 곧 이런 생각이 틀렸다는 것을 깨달았습니다. 수학자들끼리 서로 의견이 다르기도 했으며, 수학의 세계는 저 어딘가에 있는 완벽한 세상이 아니었습니다. 그리고 수학을 안다고 해서 모든 것을 다 이해할 수는 없었으니까요! 그럼에도 장폴 알루슈는 수학의 아름다움에 사로잡혀 있습니다. 그리고 그가 보기에는 다른 어떤 과학보다 수학이 훨씬 더 장점이 많습니다. "복잡한 실험을 할 필요가 없으니까요!" 수학자는 연구를 할 때 그저 자기 머리와 종이 한 장, 연필 한 자루만 있으면 되니까요.

세드릭 비야니는 고민도 하지 않고 수학을 공부했습니다. 주변 환경뿐 아니라 온 가족이 그가 수학을 하도록 부추겼거든요. 수학의 여러 분야 가운데 하나를 전공으로 선택할 때가 되어서야 고민을 했습니다. "결국 저는 수학 해석학을 택했습니다. 해석학은 실제 세계와 관련이 있는, 실생활에 적용할 수 있는 분야니까요." 세드릭 비야니는 물리학에도 관심이 많았습니다.

"저는 수학에 푹 빠졌습니다. 수학을 하면 모든 것을 이해할 수 있을 거라 생각했거든요."

비르지니 보나일리노엘도 비슷한 이유로 수학을 공부하기

로 결심했습니다. 그녀는 엄마 배 속에 있을 때부터 수학을 하고 싶었다고 얘기합니다. "물론 그게 수학이라는 것은 몰랐습니다. 게다가 우리 가족 가운데 아무도 수학에 관심이 없었다는 걸 생각하면, 굉장히 특이한 경우죠."

보나일리노엘은 알면 알수록 수학이 더 좋아졌답니다. 어렸을 때는 수학자가 어떤 직업인지도 모르고 수학 선생님이 되려고 했습니다. 그러나 수학 선생님이 되기 위한 시험을 본 뒤에 "수학 연구가 무엇인지 알게 되었고 나중에 후회하지 않기 위해서" 연구를 계속하기로 결심했습니다. 연구는 정말로 신나고 즐거웠습니다! "무엇을 연구할지, 어떻게 연구할지 내가 정할 수 있잖아요. 너무나 자유롭지 않나요?"

그러면 오늘날의 수학자는 어떤 일을 할까요?

장폴 알루슈는 이렇게 얘기합니다. "틀에 박힌 일은 없어요. 반드시 해야 하는 몇 가지, 예를 들면 수학 잡지에 실

린 다른 수학자의 기사를 읽는다든지, 논문 심사에 참여한다든지, 서류를 작성한다든지 등의 일을 제외하고는요. 원하는 대로 시간을 자유롭게 조정할 수 있습니다. 저 같은 경우는 수학계의 소식을 접하는 데에 시간을 많이 투자합니다. 이것저것 꼼꼼히 읽어 보는 게 중요해요. 또, 함께 작업하다 보면 우연히 아이디어가 생각나는 경우가 많지요. 프랑스와는 다른 방식으로 책을 정리하는 나라를 여행하다가 우연히 어떤 책을 집어 들고, 우연히 어떤 아이디어를 얻는 것처럼 말이에요."

항상 확인해야 하는 중요한 사실이 있답니다. '내가 연구하는 문제를 우연하게도 누군가 이미 해결하지 않았을까?' 물론이죠! 예를 하나 들면, 이미 고대의 중국이나 인도, 바빌로니아에서도 피타고라스 정리를 발견했답니다. 피타고라스 정리를 서로가 발견했다는 사실도 모른 채, 그것도 각자 다른 방식으로 말이죠. 오늘날의 수학계에서도 여러 사람이 똑같은 수학적 아이디어를 각자 따로 생각해 내는 경우가 드물지 않습니다.

> 수학자는 연구를 할 때 자기 머리와 종이 한 장, 연필 한 자루만 있으면 됩니다.

세드릭 비야니는 토론을 하거나 학회에 참가하거나 여행을 하면서 새로운 아이디어와 정보를 얻습니다. 다양한 사람들을 만나 서로 다른 아이디어가 섞이는 신기한 경험을 하면서 좋은 연구 주제를 찾아내기도 하고요. 이 과정에서 무척 까다로운 문제를 풀기 위한 아이디어를 발견하기도 하지요. 다른 분야를 연구하는 수학자들, 심지어는 수학자가 아닌 과학자들을 만나 서로 생각을 주고받을 때도 많습니다. "우리가 마주하고 있는 문제가 흥미로울수록 더 많은 사람들과 만나 이야기해야 합니다."

하지만 다른 분야의 사람들과 만나는 일이 항상 쉽지는 않습니다. 비르지니 보나일리노엘은 이렇게 말합니다. "물리학자와 수학자들은 서로 다른 언어를 사용하기도 하니까요." 그렇지만 물리학자나 기계공학자와 토론하다가 아이디어의 주제가 떠오르기도 합니다. 토론을 하면서 서로의 언어를 배우기도 하고 서로의 관심사를 이해하기도 하지요. 보나일리노엘의 전공이 디지털해석학인 덕분에 이런 토론 기회가 더 많아요. 한 가지 예로, 그녀는 기계공학자들이 부딪친 문제를 도와주기 위해서 벽에 어떻게 금이 가는지 모델을 만들어 주었습니다.

> 수학자는 원하는 대로 시간을 자유롭게 조정할 수 있습니다.

또 전혀 관련이 없어 보이는 분야의 도움을 받아 연구하는 것으로 유명한 연구자도 있습니다. 수학자에게 주는 최고의 상인 필즈상을 물리학자가 받기도 하고, 노벨 경제학상을 수학자가 받기도 합니다. 아이디어는 돌고 돈다는 사실을 가장 잘 보여 주는 증거라 할 수 있습니다.

서로 의견을 나누고 토론을 해야 한다는 말입니다. 왜냐하면 세드릭 비야니가 말한 것처럼, 연구는 혼자 할 수 없

알고 있나요?

18세기 말의 위대한 수학자이자 공과대학 교수인 라그랑쥬는 르블랑이라는 남자의 편지를 받았습니다. 그는 답장을 보냈고, 라그랑쥬와 르블랑은 수준 높은 수학적 주제에 관해 편지를 주고받기 시작했습니다. 어느 날 라그랑쥬는 깜짝 놀라고 말았습니다. 르블랑이란 남자가 실은…… 소피 제르맹이란 젊은 여자였던 것입니다. 소피 제르맹은 라그랑쥬의 수업을 몰래 들으면서 수학을 혼자 공부했습니다. 왜냐하면 당시 공과대학에는 여성이 들어갈 수 없었기 때문입니다.

기 때문입니다. 물론 수학자들마다 연구 방식이 다르겠지만요. 앤드류 와일즈나 그리고리 페렐만 같은 수학자는 최근에 매우 깊이 있고 어려운 결과를 증명했는데, 이들은 몇 년 동안 바깥세상에 나오지 않고 한 주제에 대해 연구를 했습니다. 반면 2006년에 필즈상을 받은 테렌스 타오 같은 수학자는 수많은 사람들과 함께 여러 방향으로 연구를 합니다.

제랄드 트낭봄은 연구에서 가장 중요한 것은 '진정으로

혼자가 되는 것'이라고 말합니다. "정말로 새로운 아이디어에 대해 연구하려면 그 문제에 완전히 사로잡힌 채로 집중을 해야 합니다. 컴퓨터도 멀리해야죠. 지금까지의 연구 보고서나 기사를 모아 두는 게 중요한 것은 아니니까요. 우리가 마주하고 있는 문제를 제대로 이해하고, 이 주제에 대해 밝혀진 사실을 알아내려면 책을 읽어야 합니다."

세드릭 비야니는 이렇게 말합니다. 일단 주제를 정하면, 연구를 위해서 제일 먼저 할 일은 "자나 깨나 언제 어디서나, 주제에 대해 생각나는 대로 끄적이는 것입니다." 어떤 수학자들은 시간을 정해 규칙적으로 연구를 하지만 비야니는 연구를 하다가 중단하고, 내킬 때 다시 시작하기를 반복합니다. 그러다 어떤 문제에 푹 빠져들면, 시간이 가는 것도 모릅니다.

장폴 알루슈는 다음과 같이 설명합니다. "어떤 단어를 찾는 것과 비슷합니다. 집중을 해도 아무것도 생각나지 않습니다. 그러다가 생각을 놓으면 갑자기 답이 번쩍 떠오르는 경우가 있어요."

달리 말하면, 연구에서 가장 중요한 단계에서 수학자는 아무 일도 하지 않는다는 뜻이에요. 그런 수학자 가운데 한 사람인 로널드 그레이엄은 이렇게 말합니다. "'소파에 누워서 눈을 감은 채로 일할 거야.' 이렇게 말할 권리가 있는 사람은 오직 수학자뿐입니다." 그야말로 아름다운 인생이에요.

> 연구를 위해서 제일 먼저 할 일은 자나 깨나 언제 어디서나, 주제에 대해 생각나는 대로 끄적이는 것입니다.

그런데 정말 그럴까요? 왜냐하면 수학자들은 머리를 싸매고 고민하는 걸 좋아하거든요. 아무도 풀지 못하는 문제의 답을 찾아내는 것이 바로 수학자들의 목표니까요. 물론 어렵지만, 그만큼 재미난 일이지요!

연구의 즐거움은 무엇이며 어려움은 무엇일까요?

프랑스의 위대한 수학자인 알랭 콘스는 이런 말을 했어요. "나는 90% 정도의 시간을 고통스럽게 보냅니다." 반대로 헝가리 수학자 알프레드 레니는 이렇게 얘기합니다. "불행한 기분이 들면 행복해지기 위해 수학을 합니다. 행복하다면 계속 행복하기 위해 수학을 합니다."

과연 누구 말이 맞을까요?

제랄드 트낭봄은 알랭 콘스의 의견에 동의합니다. 수학자들은 많이 고통스러워합니다. 장애물에 맞닥뜨리고 벽에 부딪치며, 더 이상 앞으로 나갈 수 없을 거라고 생각합니다. "우리는 항상 이렇게 생각해요. 답이 바로 저기, 무적 가까이에 있어. 삼십 분도 안 되어 답을 찾을 거야. 그러다 며칠, 몇 달, 심지어 몇 년이 지나가요. 만약에 답을 찾는다면 말입니다!" 왜냐하면 수학자들은 언제나 답을 찾으려고 노력하지만 매번 답을 찾는 것은 아닙니다. 이는 다른 모든 학문도 마찬가지입니다. 다행히도 그 과정에서 흥미로운 아이디어를 발견하는 경우도 있습니다. 완전히 다른 주제에 대한 아이디어 말입니다.

세드릭 비야니는 말합니다. "수학자는 자신이 풀어내려는 문제에 애정을 갖고 있지만 처음에는 아무것도 이해할 수 없습니다. 앞이 전혀 보이지 않는 안개 속에 있는 것 같지요. 그다음에는 답으로 가는 길이 어스름하게 보입니다. 그렇지만 여전히 선명하지 않습니다. 수학자는 진땀을 흘리며 괴로워해요. 괴롭지 않다면 오히려 안 좋은 신호입니다. 문제가 너무 쉽다는 뜻이니까요. 괴로워하는 단계야말로 제가 제일 좋아하는 단계입니다. 마침내 속도가 붙고, 모든 조각이 딱딱 들어맞으며 점점 선명해져요.

나는 흥분이 됩니다. 학회에 참가하고, 논문을 쓰고, 점점 빨라져서 마침내 결과를 완성하죠. 그리고 연구를 완전히, 제대로 끝내려는 순간 엄청난 실망감에 휩싸입니다. 뭐

"저는 불행한 기분이 들면 행복해지기 위해 수학을 합니다."

> **알고 있나요?**
>
> 노벨 문학상, 노벨 물리학상 등은 있어도 노벨 수학상은 없습니다. '인류의 발전에 크나큰 이바지를 한' 사람들에게 상을 주길 바랐던 알프레드 노벨의 뜻에 따른 것이랍니다. 알프레드 노벨은 수학이 너무 추상적이고 아무 데에도 쓸모가 없다고 생각했습니다. 노벨 수학상이 없는 대신, 40세 미만의 젊은 수학자에게 주는 상인 필즈상과 나이가 더 많은 수학자에게 주는 아벨상이 있습니다.

야, 겨우 이거밖에 안 됐어? 누구라도 풀 수 있는 문제였잖아!"

당연하죠. 모든 문제가 해결되면 이미 다 맞춘 퍼즐처럼 무척 간단해 보이니까요. "참 실망스러운 순간입니다. 그래서 더 어렵고 더 재미있는 새로운 문제를 찾아 나서게 된답니다."

장폴 알루슈는 수학자의 연구가 쉽지 않다는 사실은 인정하지만, '괴로움'이라는 단어는 지나치다고 생각합니다. "가끔은 맞서 싸워야 합니다. 어떤 아이디어가 맞는 것처럼 보여도, 완전히 제대로 들어맞으려면 많은 연구를 해야 합니다."

그렇다면 수학자들은 왜, 이런 괴로움을 전부 견뎌 내는 걸까요?

세드릭 비야니는 단호하게 말합니다. "네, 맞아요. 저는 괴로움의 순간을 정말 좋아합니다. 모든 일이 술술 풀리는 모험소설이 있다면 어떨 것 같나요? 완전히 재미없겠죠! 연구는 잘 안되고, 답은 찾아야 할 때 생기는 온갖 우여곡절. 수학자들은 이런 과정을 즐깁니다."

제랄드 트낭봄은 이렇게 정리합니다. "익숙한 일을 하는 건 별로 재미가 없어요. 완전히 새로운 아이디어를 찾아내는 일은 정말 흥미롭습니다. 새로운 아이디어를 현실에 적용하는 일도 즐겁습니다. 그렇지만 이 단계가 되면 더 이상 수학이 아닙니다."

> 그렇다면 수학자들은 왜, 이런 괴로움을 전부 견뎌 내는 걸까요?

장폴 알루슈 역시 이렇게 얘기합니다. "이미 증명된 문제를 연구하는 것은 재미가 없어요. 쓰여 있는 것을 읽기만 하면 되니까요. 이미 알려진 문제에 관심을 갖는 일은 낱말 퍼즐의 빈칸을 채우는 것과 같다고 생각합니다. 물론 재미있을 수 있어요. 그렇지만 문제가 쉽든 어렵든 간에, 누군가가 이 퍼즐을 만들었으니 이미 답은 정해져 있습니다. 수

학을 연구한다는 것은 주어진 문제를 해결하는 것이라기보다는 문제를 스스로 찾아내는 것입니다."

> 문제를 결국 풀어냈을 때의 만족감은 엄청납니다.

게다가 수학자들만 괴로워하는 것은 아니까요! 제랄드 트낭봄은 다음처럼 덧붙입니다. "테니스 선수나 산악인도 마찬가지 아닐까요? 전부 한계를 넘어서려는 사람들이죠. 이들도 괴로워한답니다. 왜 그럴까요?"

수학자들의 대답은 세계에서 가장 높은 산 에베레스트에 오른 산악인의 대답과 비슷합니다. 에베레스트에 왜 올랐느냐고 묻자 산악인은 "거기 산이 있으니까"라고 대답했답니다. 이것 말고 뭐가 필요할까요?

여기에 더해 문제를 결국 풀어냈을 때의 만족감은 엄청납니다! 지금까지 어둠 속에 있던 수학의 한 부분이 어떤 연구에 의해 밝혀지면, 수학자들은 이 세계와 수학을 좀 더 이해할 수 있게 된답니다.

수학을 어디에나 적용할 수 있을까요?

비르지니 보나일리노엘은 이렇게 말합니다. "수학이 실제 생활과 너무 동떨어진 분야였으면 연구할 수 없었을 거예요. 제가 연구한 것들이 생활에 사용될 때면 기분이 참 좋아요." 수학 이론은 사람들의 생활과 밀접하게 연결되어 있다는 말입니다.

세드릭 비야니도 수학이 생활에 적용된다는 사실에 매력을 느껴 연구를 시작했습니다. 그런데 몇 년이 지나자 수학을 하는 것, 수학을 이해하는 것 자체에서 아름다움을 발견했습니다. 지금 비야니는 수학을 생활에 적용하는 것은 의미 없는 일이라고 생각할까요? "아닙니다. 연구 결과가 생활에 적용되는 순간에 그 연구가 더욱 아름다워진다고 생각합니다. 물론 생활에 적용하기 위해서 연구를 한 것은 아니지만 말입니다."

제랄드 트낭봄은 두 입장의 중간에 있습니다. "수학이 실제 생활에 적용된다고 해서 반드시 의욕이 솟아나진 않습니다. 생활에 적용하는 것을 먼저 생각하는 경우는 드물어요. 반대로, 수학을 실제 생활이나 다른 학문에 적용하는 과정에서 생기는 수학적 문제들은 '연구하기에 괜찮은 문제'인 경우가 많습니다." 좀 어렵지만 흥미로운 생각입니다.

물론 트낭봄은 자신의 연구 결과를 실제 생활에 적용하는 것에 전혀 반대하지 않습니다. "제가 증명해 낸 정리를 적용하는 사람들도 있습니다. 그럴 때 기분이 무척 좋죠. 유선전화 통신망을 설치할 때도 제 연구 결과를 적용했답

니다." 그렇지만 트낭봄은 이해하기 위해 수학을 합니다.

"세계를 이해하고 우리 자신을 이해하기 위해서이지요. 수학을 그저 응용 수학에만 한정해서는 안 됩니다. 물론 순수 수학만 고집해서도 안 되겠죠!"

한마디로, 왜 수학을 하나요?

세드릭 비야니는 이렇게 외칩니다. "수학은 어디에나 쓸모가 있으니까요!" 우리는 수학 덕분에 유체역학이나 교통 체증, 항공기의 비행 같은 전혀 다른 물리적 현상을 서로 연결하여 이해할 수 있습니다.

또한 수학을 통해 '수학적 현상'을 이해할 수도 있습니다. "이 직업의 좋은 점은, 언제나 새로운 것을 다룬다는 점입니다. 생각하는 법을 배우는 거예요. 생각하는 법을 배우면 어떤 분야든지 연구할 수 있습니다."

생각하는 법을 배우기 위해서는 상상력을 키워야 합니다.

20세기 초의 위대한 수학자 데이비드 힐버트의 일화 가운데 상상력과 관련한 이야기가 있습니다. 데이비드 힐버트의 학생 가운데 한 명이 수업에 오지 않았고 다른 학생이 힐버트에게 이렇게 말했습니다.

"시 쓰는 것에 집중하려고 수학을 그만두기로 했답니다."
"내 그럴 줄 알았네. 그 학생은 수학을 하기에는 상상력이 부족하다고 생각했지."

제랄드 트낭봄은 이렇게 말합니다. "궁금하기 때문에 수학을 해요. 끝없이 이어지는 무한한 정수를 발견한다면 기분이 어떨까요? 그리고 수학을 하면 비판적으로 생각할 수 있게 됩니다. 증명하지 못한다면 무슨 말을 해도 수학자는 받아들이지 않습니다. 나에게도 질문을 던지게 됩니다. 내 생각이 틀릴 수도 있으니까요. 중요한 것은 내가 틀렸다는 사실을 깨달을 수 있다는 점입니다."

　장폴 알루슈는 이렇게 덧붙입니다. "수학이 어디에 쓸모가 있냐고요? 수학은 공짜로 즐길 수 있는 재미난 놀이랍니다. 게다가 아름답기까지 합니다. 음악과 같아요. 어떻게 만들어졌는지 궁금하고, 여러 멜로디가 만나 어떻게 조화를 이루는지, 곡의 구조는 어떤지…… 재미있고 궁금합니다. 수학도 음악처럼 즐길 수 있답니다."

　장폴 알루슈와 제랄드 트낭봄, 두 수학자 모두 강조하는 것이 있습니다. 수학자들이 수학 연구를 하려는 의욕을 높이려면 흥미로운 문제를 계속 만들어 내야 한다는 것입니다.

수학의 쓸모에 대해서는 어떻게 이야기할까요? 장폴 알루슈는 이런 결론을 내립니다. "결국 수학 연구라는 것은 언제, 무슨 일이 있을지 몰라 주전자로 항상 물을 끓이는 것과 같습니다. 가끔은 그렇게 끓인 물이 쓸모 있을 때도 있습니다. 그렇지만 그 물을 언제, 무슨 일에 사용할지는 아무도 모릅니다." 그러니 항상 물을 끓이고 있어야 합니다.

4 수학 선생님이 들려주는 수학 이야기

수학 선생님은 수학을 싫어하는 학생들에게
어떤 말을 할까요?

수학 선생님들은 왜 수학을 좋아하게 되었을까요?
수학이 정말 싫은 학생들에게 수학 선생님은 어떤 말을 할까요?
선생님은 수학을 하나도 모르는 학생들을 어떻게 도와줄까요?
수학 선생님들이 여러분의 궁금증을 풀어 줍니다.

어떻게 수학 선생님이 되나요?

세실 프루토 선생님은 이렇게 말합니다. "전 항상 수학을 좋아했고, 수학을 가르치고 싶었어요. 그렇지만 수학 선생님을 하기까지 오랜 시간이 걸렸어요. 이과를 택했고 공과대학에 갔으며 재료공학을 연구했어요. 물리학과 화학의 중간에 있는 학문이라 할 수 있죠. 논문을 쓰고 연구자로 잠시 일하다가 2년간 회사에서 일했어요. 화학과 정보 통신에 관한 일이었죠. 그러다 모든 걸 그만두고 화학 선생님이나 물리 선생님을 할까 고민하다 결국에는 수학 선생님이 되었어요. 제가 수학을 택한 것은, 물리를 공부하는 학생 가운데 수학 때문에 좌절하는 학생이 많기 때문입니다.

그리고 수학은 놀이처럼 재미있어서 좋았습니다."

로랑스 부르캥 선생님은 이렇게 얘기합니다. "저는 항상 수학 선생님이 되고 싶었어요! 하지만 그 전에 다른 일도 해 보고 싶었어요." 그래서 부르캥은 외국인에게 프랑스어를 가르치는 선생님으로 일하다가 러시아어 선생님을 했고 결국에는 수학 선생님이 되었습니다.

그렇지만 모두가 처음부터 수학 선생님이 되고 싶었던 것은 아닙니다. 로랑스 페이롱은 웃으며 이렇게 말합니다. "저는 체육 선생님이 되고 싶었어요. 체육과 시험에는 떨어졌지만, 수학과 시험에는 붙었어요. 그래서 수학을 공부하게 되었죠." 하지만 페이롱은 그전에도 수학을 좋아했다고 솔직하게 말합니다. "수학은 굉장히 마음이 편안한 과목이에요. 수학을 하는 동안에는 걱정거리를 잊으니까요."

마르틴 장비에도 선생님이 되고 싶었지만, 딱히 수학 선

> **알고 있나요?**
>
> 일반적으로 초등학교에서는 여학생들이 남학생들보다 수학 성적이 좋습니다. 중학교에서는 비슷한 수준이에요. 하지만 고등학교나 대학교에 가면, 수학이나 과학에서 좋은 성적을 받는 것은 주로 남학생들입니다. 그럼 남학생들은 수학이나 과학만 해야 할까요? 여학생들은 수학이나 과학을 하면 안 될까요? 안 되는 건 아무것도 없습니다! 너무 고민하지 말고, 여러분이 좋아하는 걸 하세요.

생님이 되고 싶었던 것은 아닙니다. "수학을 굉장히 잘했던 것은 아니거든요. 수학보다는 역사나 생물을 좋아했어요. 수학을 택한 건 순전히 우연이었어요. 수학 선생님 자리가 많았거든요! 수학 선생님이 된 후에 수학을 점차 이해했고, 수학을 가르치는 일에 흥미를 붙였어요. 수학 선생님이 된 걸 지금은 후회하지 않아요."

선생님들은 학생들과 어떻게 수학을 가지고 놀까?

로랑스 부르캥 선생님은 "저는 항상 놀이를 하는 기분으로 수업을 해요!"라고 이야기를 시작합니다. "학생들과 도전 과제를 정합니다. 암산하기처럼 온갖 신기한 수학 놀이를 찾아보죠. 아이들 머리가 팽팽 돌아가는 소리가 들리는 것 같아요. 그런 게 너무 좋아요. 아이들 모두 수학과 놀고, 수학의 재미를 알아가는 것 같답니다. 그렇지만 수학 놀이를 하면서 은근슬쩍 문제를 더 빨리 푸는 방법을 고민하게 하고 스스로 방법을 찾게끔 합니다. 모든 공식을 다 외울 수 없으니 생각을 해야 하죠. 이런 수업에서 아이들은 자신이 찾아낸 방법이 어떻게, 왜 제대로 들어맞는지를 이해하면서 즐거워합니다. 문제를 증명할 때의 즐거움과 비슷하죠."

물론 이런 수학 놀이는 좋은 방식이지만 수학 놀이가 언제나 최선은 아닙니다. 너무 빨리 답을 찾아내는 것을 피하고, 우리가 찾아낸 방법을 매번 다시 증명하게끔 하는 엄격

로랑스 부르캥 선생님은 항상 놀이를 하는 기분으로 수업을 해요!

한 수업도 필요합니다. 그렇지만 이런 수업을 싫어하는 학생들도 있습니다. "그런 학생들에게 시를 쓰는 것에 대해 이야기합니다. 시를 쓸 때도 문법을 지키면서 써야 한다고. 물론 시 쓰는 것이 훨씬 복잡하지만, 시를 쓸 때도 계속 고민하고 더 멀리까지 생각해야 합니다. 그래야 그런 과정을 거쳐야만 얻을 수 있는 좋은 아이디어를 얻을 수 있어요."

"항상 새로운 퍼즐과 새로운 수수께끼를 찾는답니다. 수수께끼가 수학과 관련된 거라면 좋겠지만, 다른 분야에 관련된 거라도 상관없어요. 수학은 어디에나 사용되니까요!"

세실 프루토 선생님은 이렇게 얘기합니다. "수업 시간에 물리나 천문, 심지어는 중세 아랍 세계의 과학에 대해서도 얘기한답니다. 적용할 수 있는 다양한 방법을 모두 얘기해 주려고 해요." 프루토 선생님은 항상 학회에 가거나 전문가들과 토론

세실 프루토 선생님은 학생들과 천문학과 중세의 과학 이야기도 합니다.

구멍이 15cm이고 배에 1000리터가 들어간대. 배가 가라앉으려면 얼마나 걸릴까?

하고 책을 읽으며, 일상 속에서 수학과 관련 있는 것을 찾아내려 합니다.

"신문에 나오는 설문 조사를 보면서 퍼센트나 통계에 대해서 이야기해요. 또 작은 물건을 조립하려면 기하학에 관한 지식이 필요하답니다. 별이 어디에 있는지, 태양이 하늘 어느 쪽에 있는지를 알아낼 때도 수학이 필요합니다."

이런 식으로 수학 공부를 하면 전혀 예상치 못한, 기분 좋은 일이 생기기도 합니다. "예술 교실을 열었는데, 수학에 나오는 대칭을 이용해서 창작 작업을 했습니다. 수학을 제일 잘하는 학생이 가장 좋은 작품을 만든 건 아니에요.

저는 이렇게, 무슨 주제든 수학적으로 생각하는 것을 좋아해요."

로랑스 페이롱은 이렇게 얘기합니다. "아쉽게도 모든 학생들이 다 수학을 잘할 수는 없습니다. 하지만 누구든 수학에 재미를 느낄 수는 있어요! 수영이랑 비슷합니다. 물을 무서워하는 어떤 사람이 대단한 수영 선수가 될 수는 없겠지만 물에서 첨벙거리며 재미나게 놀 수는 있으니까요." 수학 선생님이 되었지만 왕년의 스포츠 마니아다운 면이 사라지지는 않았네요.

"물론 수학이 지루해 보일 수도 있어요. 문제를 푸는 데에 필요한 도구가 있더라도 그걸 어떻게 사용하는지 곧바로 이해하기 힘드니까요. 저는 학생들에게 수학자들이 왜 그런 연구를 했는지 같은 이야기를 해 주면서 학생들이 이해할 수 있도록 돕습니다.

예를 들어, 수학 기호는 언뜻 보기에 무척 복잡해 보여요. 그렇지만 학생들에게 옛날 문서를 하나 보여 주면, 기호 덕분에 우리 삶이 단순해졌다는 것을 금방 알아차립니다. 오늘날에는 기호로 이뤄진 간단한 공식 하나가, 옛날 문서에는 세 줄이나 되는 문장으로 표현되어 있으니까요. 그리고 지금 학생들이 어려워하는 부분은 수학자들도 어려워했던 부분입니다."

로랑스 페이롱 선생님은 수학과 친해지는 것이 가장 중요하다고 생각합니다. "지도를 보면서 수학적 아이디어나 수학과 관련된 사건이 일어난 곳을 여행합니다. 중국이나 인

도에서부터 아랍을 거쳐 유럽까지 가는 거예요."

마르틴 장비에 선생님도 이야기를 들려주며 학생들이 수학에 재미를 느끼게 합니다. "학생들이 이야기에서 항상 수학적 지식을 얻는 것은 아닙니다. 하지만 상관없어요. 학생들이 무언가를 느끼면 됩니다. 옛날에 수학을 잘 못했던 학생을 다시 만났는데 화가가 되어 있었어요. 그 학생은 저를 다시 만나 굉장히 기뻐하더군요." 학생들이 수학 공부에서 무엇을 얻어 갈지는 모르는 일입니다.

마르틴 장비에 선생님은 말을 계속합니다. "저는 기하학을 무척 좋아해요. 기하학은 생각하는 방법을 가르쳐 줘요. 게다가 아름답고, 제가 무척 좋아하는 천문학과 수학을 이어주는 학문입니다. 저는 우리 삶과 수학이 연결되어 있다는 걸 학생들에게 소개하는 일이 즐거워요. 수학은 학교 바깥

> 보통 학생들이 어려워하는 부분은 수학자들도 어려워했던 부분이기도 하답니다.

에, 우리 삶 어디에나 있으니까요."

"문제를 정확하게 이해하면서 수학을 다루는 것도 중요합니다." 문제 앞에서 머리를 싸매고 오랫동안 고민해야 한다는 말이에요. 중·고등학교 선생님들이 수학자들과 함께 만든 '매트앙장'이라는 프로그램의 목표는 학생들이 수학을 '연구'하도록 만드는 것입니다. 학생들은 흥미로운 수학 문제를 스스로 만들고, 문제를 직접 해결합니다.

"저는 우리 삶과 수학이 연결되어 있다는 걸 학생들에게 소개하는 일이 즐거워요."

수학 선생님이라는 직업의 가장 좋은 점은 무엇인가요?

마르틴 장비에 선생님은 소리 높여 말합니다. "수학 선생님이라는 직업의 모든 게 너무나 마음에 들어요. 심지어 학생들에게 나눠 줄 프린트를 복사하는 것까지요! 시험을 망친 학생이 있으면, 시험 문제를 수업 시간에 함께 풀어 본 뒤 집에서 다시 풀어 오라고 합니다. 시험을 망친 학생은 문제를 다시 풀면서 내 실력이 조금은 늘었구나, 하고 안심합니다. 저는 올해 정년이 되어 퇴직을 하는데, 학교를 그만둔 뒤에도 계속 수학을 가르칠 겁니다! 수학을 가르치는 게 너무나 재미있고, 함께 수학 공부를 하는 학생들도 즐거워하니까요. 물론 아쉽지만 학생들 모두 즐거워하지는 않습니다."

로랑스 페이롱 선생님은 이렇게 얘기합니다. "'전혀 이해가 안 돼요', '앞으로도 이해 못 할 것 같아요'라고 말하는 학생에게 무언가를 이해시키는 것, 저는 그걸 좋아합니다. 물론 수학을 잘하는 학생들을 가르치는 것도 즐거운 일입니다! 저는 수학을 어려워하는 학생들에게 용기를 주기 위해 새로운 단원을 시작할 때 항상 이렇게 말합니다. '누구나 이해할 수 있어요. 모두 똑같이 백지상태에서 출발하는

거예요!'"

　로랑스 부르캥 선생님은 '학생들을 놀라게 하는 것'을 좋아합니다. "수학을 공부하면서, 무언가를 배우는 즐거움을 알게 됩니다." 처음에는 수학 공부가 어디에 쓸모가 있는지 모르기 때문에 도대체 왜 수학을 배우는지 알 수 없을 거예요. "그렇지만 그렇게 쓸모가 없다는 것이 수학의 매력이

자 아름다움이죠!"

나중에 학생들은 수학이 우리 삶 어디에나 있다는 사실을 알게 됩니다. 게다가 수학 공부는 생각의 폭을 넓혀 줍니다. "제가 이 직업에서 좋아하는 점은, 학생과 선생님이 서로 가르침을 준다는 것입니다. 저 역시 학생들을 가르치면서 계속 배우고 있어요. 정말 멋진 일이에요!"

수학 선생님은 무언가를 깨달은 학생들의 눈에 불이 반짝 켜지는 순간 즐거움을 느낍니다.

세실 프루토 선생님도 자신의 의견을 이야기합니다. "수학 선생님에게 가장 즐거운 순간은, 무언가를 깨달은 학생들의 눈에 불이 반짝하고 켜지는 순간이랍니다. 마법 같은 순간이에요."

5 수학자도 못 푼 수학 문제

아무도 풀지 못한 수수께끼 같은
수학 문제가 있습니다.

수학에서 마지막 문제 해설이 이루어진 것은 언제일까요? 가장 정확한 대답은 이렇습니다.
"마지막 해설은 바로 10분 전입니다."
수학은 오래된 학문이지만 지금 이 순간에도 새로운 해설이 나오고 있습니다.

믿을 수 없다고요? 정확하게 해설된 문제가 몇 개인지는 확실하지 않지만, 평균 매일 150개 정도의 '깊이 있는' 수학 연구 논문이 발표됩니다. 그리고 각 논문에는 적어도 한 개 이상의 새로운 문제 해설이 실려 있답니다. 계산해 볼까요? 평균 9분 39초마다 최소한 한 개의 해설이 나옵니다. 와우! 물론, 모든 문제 해설이 흥미롭지는 않지만 그래도 엄청나네요. 이런 일은 수학자가 점점 더 많아지고 있기 때문에 일어납니다. 20세기 초만 해도 전 세계에 수학자는 몇 명에 불과했지만 오늘날에는 십만 명에 가깝답니다.

수학자가 점점 더 많아지고 수학자들은 연구 결과를 점점 더 많이 발표합니다. 이것은 우리가 학교에서 배우는 수학이 점점 더 다양해지고 있다는 뜻이기도 합니다. 20세기 초의 수학자들은 당시 수학에서 다뤘던 모든 것을 다 이해해야 했습니다. 그렇다고 수학의 모든 분야에서 새로운 아이디어를 냈다는 말은 아니에요. 요즘의 수학자들은 현대 수학의 모든 분야를 연구하는 것이 아니라 자기가 관심 있는 분야에서 전문적인 연구를 합니다. 이 말은 바로 여러분이 수학을 연구하고 싶다면 관심 있는 분야를 만들어야 한다는 뜻입니다.

평균 9분 39초마다 최소한 한 개의 해설이 나옵니다.

숫자를 좋아하는 사람들을 위해

아, 숫자! 수학은 분명히 수를 세는 것에서 시작했을 거예요. 수를 그냥 세면 되지, 무슨 연구냐고요? 아마도 숫자와 수에 대해서 어마어마하게 많은 질문을 던질 수 있을 겁니다!

소수에 대해 질문해 볼까요? 소수란 2, 3, 5, 7, 11, 13, 17, 19, 23, 29, 31처럼 1과 자기 자신만을 약수로 갖는 수를 말합니다. 소수가 무한히 이어진다는 것은 고대부터 잘 알려진 사실입니다. 또한 수가 커질수록 소수의 수가 조금씩 줄어든다는 것도 잘 알려져 있습니다. 하지만 소수에 대해 모든 걸 다 알려면 아직 멀었습니다. 예를 들어 볼까요.

쌍둥이 소수가 있습니다. 차이가 2밖에 나지 않는 소수의 쌍으로, 3과 5, 5와 7, 11과 13 등이 쌍둥이 소수입니다. 숫자가 커질수록 소수의 수가 줄어드는 만큼 쌍둥이 소수의 수도 줄어듭니다. 그럼 이 쌍둥이 소수는 유한할까요? 무한할까요? 아무도 답을 모릅니다. '수의 이론'을 연구하는 수학자들은 물론 쌍둥이 소수가 무한하다고 생각하지만요.

아, 숫자!
하지만 소수에 대해 모든 걸 다 알려면 아직 멀었죠.

250년 전부터 수학자들을 괴롭혀 온 문제가 하나 더 있습니다. 2를 제외한 짝수를 소수 두 개의 합으로 나타낼 수 있을까요? 여러분도 직접 해 볼 수 있습니다. 작은 숫자들의 경우에는 어렵지 않죠. 4=2+2, 6=3+3, 8=5+3, 10=7+3……. 수가 더 커져도 이런 식으로 나타낼 수 있을까요? 컴퓨터의 도움을 받아 오늘날에는 120000000000000000(0이 17개나 되죠!)까지 소수 두 개의 합으로 나타낼 수 있다는 사실을 밝혀냈습니다. 모든 짝수를 이런 식으로 나타낼 수 있다고 생각하는 수학자들이 많습니다. 그렇지만 아무도 왜 그런지를 설명하지는 못했습니다.

소수 이야기를 할 때 빼놓을 수 없는 문제가 하나 더 있습니다. 설명하기 훨씬 복잡하지만 많은 사람들의 관심을 불러일으킨 문제, 바로 리만 가설입니다.

1900년에 위대한 수학자 데이비드 힐버트는 사람들의 기억에 길이 남을 심포지엄을 열었습니다. 여기서 그는 자신이 가장 중요하다고 생각하는 문제들의 명단을 공개했습니

다. 그 문제들 대부분은 오늘날 해결되고 설명되었지만, 리만 가설은 아직도 해결되지 않은 채 가설로 남아 있습니다. 수학자들은 이 문제를 여전히 중요하게 여기고 있습니다. 리만 가설이 '세계 7대 난제' 가운데 하나로 선정되었다는 것이 바로 그 증거입니다. 세계 7대 난제는 2000년에 선정된, 세계에서 가장 어렵고 가장 흥미로운 문제 일곱 개를 말합니다. 이 일곱 문제를 해결하는 것에 각각 백만 달러의 상금이 걸려 있습니다. 일곱 문제 중 한 개는 2003년에 마침내 해결되었지만 나머지 여섯 문제는 전혀 해결될 기미가 보이지 않습니다.

컴퓨터를 좋아하는 사람들을 위해

이제는 컴퓨터가 다 해 줄 거다, 인간은 손가락만 까딱하면 되겠다, 이렇게 생각해서는 안 됩니다. 일단 컴퓨터는 문제를 찾아낼 수 없으니까요. 그리고 어떤 문제는 컴퓨터가 절대로 해결할 수 없으니까요. 좀 더 현실의 이야기를 해 볼까요? 컴퓨터를 제대로 활용하면 새로운 문제를 찾아낼 수 있습니다. 그리고 수학자가 문제를 풀 때 컴퓨터의 도움을 받을 수 있습니다. 몇 가지 예를 보여 줄게요.

> 이제는 컴퓨터가 다 해 줄 거다, 인간은 손가락만 까딱하면 되겠다, 이렇게 생각해서는 안 됩니다.

컴퓨터의 능력 가운데 하나는 계산을 굉장히 빠르게 하는 것입니다. 수학자들은 컴퓨터가 점점 더 큰 숫자의 계산

을 점점 더 빠르게 하도록 연구하고 있습니다. 이를 위해서는 기술적인 측면, 즉 새로운 소재와 새로운 칩을 갖춘 컴퓨터가 필요합니다. 그렇지만 수학자들은 여전히 계산을 하는 데에 핵심적인 역할을 하고 있죠. 다음이 그러한 예입니다. 예를 들어 35×78처럼 두 자리의 수를 곱하려고 합니다. 우리가 배운 대로 하면, 곱하기를 네 번 하고 더하기를 한 번 해야 합니다. 그러나 컴퓨터가 계산을 할 때, 더하기는 시간이 얼마 안 걸리지만 곱하기는 시간이 어느 정도 걸립니다. 물론 많이 걸리지는 않지만 엄청나게 큰 수를 곱하면 답을 내기까지 시간이 너무 오래 걸립니다. 그래서 수학자들은 곱하기를 최대한 덜 할 수 있는 방법을 연구했습니다. 바로 이것이 1962년에 수학자 아나톨리 카라츠바가 내놓은 방법입니다.

35에 78을 이렇게 곱할 수도 있습니다.

```
       78
    × 35
    ─────
     2140   (3×7 옆에 5×8)
  +    21   (3×7 을 한 자리 위로 옮긴다)
  +    40   (5×8 을 한 자리 위로 옮긴다)
  +    -2   ((7-8) × (5-3)을 중간에 넣는다)
    ─────
     2730
```

자 어떤가요, 답이 나왔습니다! 전통적인 방식으로 곱하거나 계산기를 사용해서 확인하면 완벽하게 맞는 답이라는 것을 금방 알 수 있습니다. 이 방법은 항상 들어맞지요.

왜 이렇게 이상한 방식으로 곱셈을 할까요? 답을 얻기 위해 곱하기를 몇 번 했는지를 생각해 보세요. 세 번 했습니다. 전통적인 곱셈에 비하면 곱하기 횟수가 한 번 준 셈이지요. 별것 아닌 것으로 보일 수도 있지만, 곱하려는 숫자가 커지면 커질수록 곱셈에 드는 시간은 더 늘어나니 곱하는 횟수를 한 번만 줄여도 시간이 많이 줄어듭니다.

굉장히 큰 수를 곱할 때는 카라츠바의 방식으로 곱하기를 하는 게 훨씬 빠를 거예요. 곱하는 횟수를 줄이려는 연구는 여기서 끝이 아닙니다. 수학자들은 이런 방식이 굉장히 효과적이라는 사실을 깨달았을 뿐입니다. 언젠가 여러분이 훨씬 더 나은 방법을 찾는 날도 오겠지요.

> 컴퓨터의 능력 가운데 하나는 계산을 굉장히 빠르게 하는 것입니다. 수학자들은 컴퓨터가 점점 더 큰 숫자의 계산을 점점 더 빠르게 하도록 연구합니다.

우리는 다른 문제들도 컴퓨터에 맡기려 합니다. 특히 시간이 오래 걸리는 문제가 있으면 이를 컴퓨터로 해결하려고 합니다. 그렇지만 문제를 해결하는 데에 컴퓨터를 사용하는 것이 효과적이지 않을 때도 있습니다. 여러분이 친구들의 집을 방문하고 바로 집에 돌아가고 싶다고 가정해 보세요. 친구들의 집에 들를 때 가장 짧은 경로를 택하려고 할 것입니다. 하지만 무엇이 가장 짧은 길인지 어떻게 알 수 있을까요? 집에 들러야 할 친구가 세 명뿐이라면 간단합니다. 모든 길을 테스트하면 되니까요. 테스트해야 하는 길이 몇 개인지 알아볼까요?

첫 번째 집을 방문할 때는 세 가지 방법 가운데 하나를 선택할 수 있습니다. 일단 하나를 선택하면 그다음에는 두 가지가 남습니다. 그다음에는 선택이 없습니다. 마지막, 세 번째 친구의 집에 갔다가 집으로 돌아가는 방법만 있습니다. 그러니 3×2=6가지의 길이 있는 것입니다. 손가락만으로 편안하게 계산할 수 있는 수준이죠. 이제는 10명의 고객에게 들러야 하는 배달원이 있다고 합시다. 우리가 앞서 보았던 대로 계산하면, 10×9×8×7×6×5×4×3×2, 총 3,628,800가지의 길을 테스트해야 합니다!

이 길을 전부 가 보는 일은 말 그대로 정말 끔찍할 겁니다. 컴퓨터로 테스트한다면 시간이 좀 줄겠지만, 이런 곱하기를 백 단계 정도 해야 한다면 답을 내는 것이 거의 불가능할 수 있습니다. 갈 수 있는 길의 수를 나타내기 위해 150개 이상의 숫자를 사용해야 합니다. 시간을 절약할 수 있는 현명한 방법은 없을까요? 만약 사람이 문제를 해결한다면 모든 길을 다 테스트하지는 않을 거예요. 어떤 길은 척 보기에도 훨씬 더 길기 때문입니다.

> 어떤 문제는 정확한 답을 찾을 수 있는지조차 알 수 없습니다.

　머리를 조금 쓰면 컴퓨터의 계산 시간을 줄일 수 있을 겁니다. 하지만 계산할 만한 적당한 시간으로 줄기는 힘듭니다. 이 주제에 관련된 백만 달러짜리 문제가 있습니다. 이처럼 매우 복잡한 문제들을 적당한 시간 안에 해결할 수 있는 방법을 찾는 일이 가능할까요? 아니면 어떤 방법을 사용하더라도 계산하는 데 드는 시간이 너무 길까요? 물론 매우 정확한 용어를 사용해서 이러한 문제를 나타내야

하지만, 이 문제의 공식적인 표현은 이렇습니다. 'P vs NP' 문제. 굉장히 짧은 이 표현은, 한 방향으로 풀면 쉬운 문제를 그 역방향으로 풀어도 쉬운 문제인지를 증명하는 것을 뜻합니다. 전문가가 아닌 사람들은 무슨 뜻인지 도무지 알 수 없는 표현입니다.

흐르는 물을 좋아하는 사람들을 위해

물리학자들은 우리를 둘러싼 세상을 묘사하려고 합니다.

그러나 세상을 묘사하는 것이 복잡하기 때문에, 모델 만들기라는 것을 합니다. 실제 현상을 가장 잘 보여 준다고 여겨지는 방정식 같은 수학적 표현을 만드는 것이죠. 때로는 이런 모델이 굉장히 쓸모가 있습니다. 예를 들어, 공을 공중에 던지면 떨어졌다가 바닥에 부딪혀 튕겨 오릅니다. 무척 단순하고 예상 가능한 움직임이어서 어떤 순간에 공이 어디로 떨어질지를 계산하는 방정식을 만드는 것은 어렵지 않습니다.

그런데 복잡한 현상도 많습니다. 다리 아래로 흐르는 강을 생각해 봅시다. 물은 사방으로 퍼져 나가고 뒤로 돌아가기도 하며 내려갔다가 올라가기도 합니다. 사실에 근접한 계산을 할 수 있는 방정식을 만들 수는 있습니다. 그렇지만 정확한 답을 찾는 일은 불가능합니다. 물의 움직임을 너무나 단순화할 테니까요. 게다가 정확한 답을 찾을 수 있는지조차 알 수 없습

사실에 가까운 계산을 할 수 있는 방정식을 만들 수는 있지만 정확한 답을 찾을 수는 없습니다.

니다. '내비어-스톡스 방정식'이라고 알려진 이 어려운 문제 역시 백만 달러의 상금이 걸려 있는 문제입니다.

백만 달러를 받을 수 있는 나머지 난제는 모두 네 개입니다. 버츠와 스위너톤-다이어 추측, 호지 추측, 양-밀스 이론, 푸앵카레 추측이죠. 그런데 마지막 난제, 푸앵카레 추측을 풀어도 백만 달러를 받을 수 없습니다. 2003년에 수학자 그리고리 페렐만이 이미 그 문제를 풀었기 때문입니다. 페렐만은 문제를 해결한 다음에 백만 달러의 상금을

알고 있나요?

17세기의 법학자 페르마는 당시 가장 위대한 수학자들과 연락을 주고받을 정도로 수학에 몰두했습니다. 페르마는 자신의 책에 이런 말을 남겼습니다. "나는 놀라운 방법으로 이 정리를 증명했다. 그러나 자세히 설명하기에는 빈 공간이 너무나 좁다." 미래의 독자들에게 과제를 남긴 걸까요? 허풍일까요 아니면 사실일까요? 무엇이 맞는지는 앞으로도 알 수 없겠지만, 어쨌든 '페르마의 마지막 정리'는 수학자들의 진땀을 빼게 만들었고 마침내 앤드류 와일즈가 1995년에 이를 증명해 냈습니다.

요구하지 않았으며 그가 이룬 놀라운 일에 대해 모든 인터뷰를 거부했습니다. 페렐만에게는 푸앵카레 추측이 여느 문제와 별 다를 바 없는 평범한 문제였기 때문입니다. 페렐만이 해답을 발표한 이유는 다른 수학자들이 자신의 실수를 잡아 주기를 바랐기 때문입니다. 페렐만은 '관심이 없다'면서 필즈상도 거부했습니다. 필즈상이 수학자들이 받을 수 있는 가장 영예로운 상임에도 불구하고 말이지요. 이제 페렐만은 버섯을 따러 숲으로 떠났고 아마도 거기에서 수학을 하고 있을 겁니다.

기록하는 걸 좋아하는 사람들을 위해

어떤 수학자들은 덩치만 큰 어린아이 같습니다. 남보다 더 뛰어나길 바라고 더 잘하길 바라죠. 한 예로 어떤 일본 수학자는 파이의 소수점 아래 숫자 배열을 남들보다 더 많이 찾아내려고 합니다. 파이의 소수점 아래 숫자가 끊임없이 이어지며, 그 배열이 0.1111…… 또는 0.121212…… 혹은 0.123123123……처럼 일정하지 않다는 사실은 잘 알려져 있습니다. 파이의 배열에는 순환 마디가 나타나지 않습니다. 순환 마디란 무한하게 이어지는 숫자에서 같은 숫자가 반복되는 배열을 말합니다. 0.123123123……의 순환 마디는 123이지요. 물론 파이에 순환 마디가 있었다면 파이를 연구하는 수학자가 그렇게 많지는 않았을 거예요. 순환 마디가 없으니까 수학자들이 파이를 연구한다고 할 수 있습니다. 그리고 파이의 소수점 아래 숫자들을 계산해 내는 것은 복잡하다는 사실도 생각해야 합니다. 가장 최근인 2009년 8월의 기록에 따르면 무려 2,576,980,377,524자리까지 계산해 냈습니다. 파이의 숫자들을 계산하다 보면 수학적이며 컴퓨터공학적인 문제를 생각하게 되고, 이런 과정에서 새로운 아이디어를 떠올리게 된다고 합니다.

이와 비슷한 문제로 우리는 무한하게 이어지는 소수, 즉 약수가 1과 자신밖에 없는 수가 있다는 사실을 알고 있습니다. 하지만 이 소수들을 전부 다 구하는 간단한 방법을 찾지는 못했습니다. 현재까지 알려진 소수 중 가장 큰 소수를 구하는 공식이 있습니다. 2008년 8월에 발표된 가장 최근의 공식은 $2^{43112609}-1$입니다. 찾을 수 있는 가장 큰 쌍둥이 소수를 찾거나 3, 5, 7이나 5, 11, 23, 29처럼 일정하게 차이 나는 소수의 배열을 찾을 수도 있습니다. 가장 긴 배열은 25개의 소수로 이루어져 있는데, 6171054912832631에서 시작하여 81737658082080씩 차이가 납니다. 그러나

2004년부터 얼마든지 긴 배열이 있을 수 있다는 사실이 증명되었습니다. 물론 이 사실이 증명되었더라도 무한히 긴 배열을 어떻게 찾을 수 있는지는 알 수 없습니다.

무한소수 파이를 좋아하는 사람들을 위해

파이에 푹 빠진 사람은 아마 한두 명이 아닐 거예요. 파이가 매력적인 것은 무엇보다도 소수점 아래로 수가 무한히 이어지기 때문입니다. 그리고 고대에 이미 알려진, '원'이라는 무척 단순한 수학 도형에서 나온 파이를 아직까지도 완전히 이해하지 못했기 때문입니다. 수학자들은 이러한 숫자의 행렬에 특정한 논리가 있는지 연구하고 있습니다. 척 보기에는 소수점 아래로 무한히 이어지는 숫자에 어떠한 논리도 없어 보입니다. 0에서 9까지의 숫자가 우연하게 나타나는 것으로 보입니다. 정말 그렇다면, 이 소수점 아래 숫자

파이에 푹 빠진 사람이 많습니다.

의 행렬에서 1~9가 있는 만큼 0도 있어야 합니다. 또 00, 01, 02~99까지가 거의 비슷한 확률로 나타나야 합니다.

앞서 말한 내용과 관련하여 아직까지 해결되지 않은 문제가 하나 더 있습니다. 파이에서는 모든 숫자 배열을 다 찾아볼 수 있을까요? 예를 들어, 누군가의 생년월일이나 핸드폰 번호, 123456 같은 특정한 숫자의 배열을 모두 찾아볼 수 있을까요?

이런 인터넷 사이트도 있습니다. 무한히 이어지는 파이의 숫자 배열에서 내가 원하는 숫자 배열은 어디쯤에 있는지 알려 주는 사이트입니다. 물론 내가 원하는 숫자 배열이 없을 때도 있습니다. 인터넷 사이트에 등록된 파이의 소수점 아래 숫자가 겨우 몇백만 자리에 불과하기 때문입니다.

그 외의 것을 좋아하는 사람들을 위해

수학자가 되는 방법은 백 가지도 넘습니다. 음악·음향학 실험 연구소에서 음악에 대해 끊임없이 질문을 던질 수도 있고, 정말 새로운 문학을 생각하면서 수학을 생각할 수도 있습니다. 마술사와 함께 수학 공부를 할 수도 있지요. 마술사로 일하다가 수학자로 활동하는 사람도 있습니다.

어떤 마술사 출신 수학자는 동전을 던질 때 아무 영향도 받지 않을 가능성이 있는지를 연구하고 있습니다. 사람을 비롯한 물리적인 힘으로 동전의 앞면과 뒷면을 결정하지 않는 방법에 대해 연구하는 것입니다.

또, 화려하고 아름다운 프랙털 도형을 만드는 시도를 할 수도 있습니다. 2007년에 열렸던 '가장 아름다운 프랙털 도형 대회'가 언젠가 또 열릴 거예요. 어때요, 관심이 가는 분야가 있나요? 수학을 하려는 마음이 생길 수 있도록 수학과 관련된 일이 더 많아지면 좋겠습니다.

6 수학은 정말 쓸모가 없을까?

변호사와 검사가 수학의 쓸모에 대해
법정에서 대결을 펼칩니다.

오늘 법정에서는 정말 인기 없는 과목에 대한 재판이 열립니다.
재판의 주제는 '수학은 정말 쓸모가 없을까?'
판사 앞에서 검사는 수학이 아무런 쓸모가 없다고 주장하고
변호사는 여러모로 쓸모가 많다고 주장합니다.

판사 재판을 시작하겠습니다. 주제는 '수학은 정말 쓸모가 없을까?'입니다.

검사 이 자리에 모이신 여러분, 그리고 존경하는 재판장님, 길게 말씀드리지 않겠습니다. 수학이 쓸모 있다고 말하는 것은 수학을 모욕하는 것이나 마찬가지입니다! 수학은 원래 쓸모없는 것이며, 바로 거기에 수학의 아름다움이 있습니다.

유명한 수학자 야코비는 다음과 같이 말했습니다. "수학의 가장 큰 목적은 많은 사람에게 쓸모 있게 사용되거나 자연 현상을 설명하는 것이 아니라…… 인간의 정신이 이루어 낸 가장 위대한 업적을 보여 주는 것이다." 그 이후에 누군가 수학이 쓸모 있다고 생각했다면, 수학은 정말 쓸모 있는

학문일 겁니다. 누군가가 과학이나 기술적인 문제를 해결하기 위해 수학을 사용했다면 얼마나 좋은 일입니까? 그러나 이것은 더 이상 수학이 아닙니다!

변호사 죄송하지만 그냥 넘어갈 수가 없군요! 존경하는 재판장님, 수학은 기하학이나 정수처럼 구체적인 문제를 해결하는 과정에서 만들어졌습니다. 수학이 추상적이 되는 이유는 인간이 발전하면서 더 다양하고 더 전문적인 문제에 부딪히기 때문입니다. 그러나 수학의 목적은 언제나 같습니다. 우리 주변의 세계를 이해하는 것입니다. 최초의 수학자이자 철학자인 피타고라스는 '모든 것은 수'라고 말했으며, 수로 모든 것을 설명할 수 있다고 했습니다. 위대한 과학자 갈릴레이 역시 세계는 수학적 언어로 쓰여 있다고 주장했습니다.

기본적인 생각은 그대로입니다. 여전히 수학은 세계를 이해

> 수학이란 원래 쓸모없는 것이며, 바로 거기에 수학의 아름다움이 있습니다.

할 수 있도록 도와주기에, 오늘날에는 '모든 것이 방정식'이라고 말하기도 합니다. 물론 어떤 수학 이론은 추상적이고 복잡하지만 이는 수학자들이 원한 것이 아닙니다. 천재 수학자 존 폰 노이만은 이렇게 말했습니다. '수학이 복잡하

다고 생각한다면, 삶이 얼마나 복잡한지 모르기 때문이다.'

검사 알겠습니다. 수학이 쓸모 있을 때도 있지요. 우연히 말입니다! 게다가 한참 지난 후에야 수학이 쓸모 있었다는 사실을 알게 되지요. 우리 시대의 수학자들은 대부분 자신의 연구가 무엇에 쓸모 있을지는 생각하지 않습니다. 그래도 연구를 계속하지요. 1900년대에 영국의 수학자 하디는 심지어 이렇게 말하기도 했습니다. '가장 추상적인 수학을 연구하는 것이 좋다. 내 연구가 폭탄을 만드는 데에 사용되지 않길 바라기 때문이다.' 수학자들은 그저 계속 생각하고 고민하며 생각을 발전시키는 것이 좋겠습니다.

판사 잠시 한마디 덧붙이겠습니다. 수학자 하디의 이야기는 무척 흥미롭군요. 하지만 하디의 바람처럼 되지는 않았습니다. 그가 죽고 나서 30년이 지난 다음에 하디가 연구한 정수론은 암호 해독 시스템을 만드는 데 이용되었습니다. 은행이나 군대에서 사용되는 시스템이죠. 지금 우리가 만든 것이 나중에 쓸모가 있을지 어떨지는 아무도 알 수 없는 일입니다.

검사 이런!

변호사 그러한 주장은 사물의 부정적인 측면만 드러낼 뿐입니다! 과학은 인류에게 폭탄만 준 것이 아닙니다. 과학은 인간과 자연의 활동, 생명체를 둘러싼 여러 일들이 어떻게 이루어지는지 이해하게 도와줍니다. 또 기술자, 컴퓨터공학자, 건축가들을 도와주기도 합니다.

검사 응용과학이 쓸모가 있다는 말씀이시군요. 물론 그렇습니다. 그러나 순수 학문 연구자들도 자신의 연구를 쓸모 있게 만들기 위해 고민합니다. 학문 연구자들은 진리를 이해하고 생각하기 위해, 그리고 아름다움을 발견하기 위해 연구합니다. 수학을 연구하는 이유도 바로 이것입니다! 수학은 꿈의 도구나 마찬가지입니다. 그러니 수학은 음악이나 시, 역사, 고고

"수학이 복잡하다고 생각한다면, 삶이 얼마나 복잡한지 모르기 때문이다."
– 수학자 존 폰 노이만.

학과 똑같이 중요한 학문이라고 할 수 있습니다.

판사 말을 끊어서 미안합니다. 하지만 그렇게 본다면 수학이 무척 쓸모 있어 보이는데요. 깊이 있는 생각을 하게 해 주고, 상상력을 키워 주고 말입니다.

> 수학은 음악이나 시, 역사, 고고학과 똑같이 중요한 학문입니다.

검사 네? 아……, 그렇게 말씀하신다면야…….

변호사 잠시만요! 수학을 추상적이고 실제 생활에 적용되지 않는 학문으로 취급해서는 곤란합니다. 위대한 수학자 가운데는 추상적이고 아무런 쓸모가 없는 이론들을 반대한 사람들이 많습니다. 그런 이론을 계속 연구하다 보면, 결국에는 무엇을 이야기하는지 방향을 잃어버리고 말 테니까요.

판사 하지만 아까 이렇게 말씀하시지 않았나요? 수학자들은 자신이 부딪히는 문제의 답을 찾으려고 한다고. 수학자가 부딪히는 문제는 수학적인 문제가 되겠죠! 쓸모가 있느냐 없느냐에 상관없이요. 그렇다면 이것도 수학이 실제 생

활에 적용되는 예라고 할 수 있겠습니다.

변호사 어…… 그렇게도 볼 수 있죠.

판사 정리하겠습니다! 수학은 모든 과학 분야에서 사용되고 있습니다. 학문 연구는 물론, 엔지니어링과 건축 공사 등에 반드시 필요한 언어와 도구를 제공하는 것이 바로 수학입니다. 그렇기 때문에 수학은 아주 쓸모가 많습니다.

그렇지만 수학에서 나온 아이디어는 추상적일 때가 많습니다. 수학의 아이디어를 생활에서 사용하려면 연구를 더 많이 해야 합니다. 또 하나, 수학자들이 수학을 하는 첫 번째 이유는 수학이 쓸모 있어서가 아닙니다. 수학자들은 문제에 대한 답을 찾기 위해 수학을 합니다. 답을 찾으려면 새로운 아이디어를 생각해야 하고, 새로운 이론을 만들어야 합니다. 이런 아이디어와 이론은 지금 당장은 쓸모가 없을지 모르지만 나중에 어떤 쓸모가 있을지도 모릅니다. 무엇보다도, 생각하게 하고 질문을 던지게 하는 이런 아이디어와 이론은 아름답지 않습니까.

이런 결론을 내릴 수 있겠습니다. 수학은 쓸모가 많지만 생활에 도움을 주기 위해 수학이 존재하는 것은 아닙니다. 수학은 생활의 문제에서 출발하지는 않지만 수학 연구의 결과는 생활 곳곳에서 쓸모가 있습니다.

부록 **수학에 대해 더 알고 싶어요**

수학과 관련된 직업

• **수학만 공부하고 싶다면** 자연스럽게 생각나는 직업은 이 책에 소개된 두 직업, 수학 선생님과 수학자입니다. 자신의 자리를 찾을 수 있는 곳에서 선생님이나 수학자로 일하세요.

• **머리 회전이 빠르다면** 일반 기업에서는 대부분 통계나 금융수학을 할 줄 아는 엔지니어, 즉 '연구개발(R&D) 엔지니어'를 채용합니다. 이미 있는 수학적 도구나 다른 여러 도구를 샅샅이 찾고, 기업이 지닌 구체적인 문제를 해결하기 위해서입니다.

해석 수학을 할 수 있다면 날씨 자료의 숫자를 해석하여 앞으로의 날씨를 예측하는 사람이 될 수 있습니다.

증권을 사고팔거나 돈을 거래할 때 많은 이익을 내기 위해서는 다양한 자료를 분석하고 예측해야 합니다. 은행에서도 돈과 관련된 다양한 판단을 해야 하는데 수학 전공자들이 이런 일을 합니다. 보험회사에서 새로운 상품을 만들거나 새로운 통계를 내는 데에도 수학을 이용합니다.

•**계획하기를 좋아한다면** 비행기 예약을 하거나 병원 서비스를 계획한다거나 우편물을 분류하고 배달하는 일은 정말로 골치 아프지만 꼭 필요한 일입니다. 통계나 경영에 관한 지식을 최대한 활용하면서 컴퓨터 프로그램을 이용해 이런 문제들을 효과적으로 해결하는 사람을 애널리스트라고 부르는데 수학을 공부하면 잘할 수 있습니다.

•**의료계에서 일하고 싶다면** 생물통계학을 전공하여 전염병 연구자가 될 수도 있고 제약회사에서 일할 수도 있습니다.

수학에 대해 알고 싶을 때 방문할 사이트

• http://www.nims.re.kr 국가수리과학연구소

수리 과학을 연구하는 대한민국의 연구소입니다.

• http://www.paperjoy.kr 종이접기 수학

다양한 도형에 대해 이해할 수 있습니다.

• http://www.georgehart.com 조지 W. 하트

놀랍고 아름다운 수학의 세계를 만날 수 있습니다.

• http://www.momath.org 뉴욕 수학박물관

• http://www.mathworld.com 프랙털 도형

여러 나라 사람들과 자료를 공유할 수 있습니다.

• http://www.ebsi.co.kr 방송국 다큐멘터리

'마테마티카 수학의 원리'를 감상하세요!

• http://www.polymath.co.kr 수학 잡지

생활 속 수학 원리를 만날 수 있습니다.